Lb 49/771

QUESTIONS
A L'ORDRE DU JOUR,

ou

QUELQUES VÉRITÉS

A L'ADRESSE DES ÉLECTEURS.

PAR UN ÉLECTEUR IMPARTIAL.

> Nous n'avons pas de conseils à vous donner ;
> nous avons tout fait pour le bonheur de l'empire, puisque nous vous avons élus.
> GALBA à PISON.

PARIS,

DE L'IMPRIMERIE DE PILLET AINÉ,

RUE DES GRANDS-AUGUSTINS, N° 7.

1827.

QUESTIONS
A
L'ORDRE DU JOUR.

1°.

De la Chambre des Députés et de sa dissolution. Aperçu des travaux de la dernière législature.

Notre éducation politique est si peu avancée, que, dans une circonstance aussi grave que celle qui se présente aujourd'hui, il devient indispensable de rappeler certains principes essentiels de tout gouvernement représentatif, et, particulièrement, du nôtre. Cette nécessité est d'autant plus impérieuse, que, déjà, beaucoup de discours et d'écrits, loin de perfectionner notre instruction constitutionnelle, tendent à la faire rétrograder. Il ne manque pas de sophistes qui sont fort habiles à obscurcir les idées les plus claires, à dénaturer les faits les mieux constatés, à fausser les notions les plus simples, et à égarer les esprits dans le dédale des subtilités. Ces nouveaux docteurs de la loi sont les puritains de la Charte; mais la Charte ne veut être ni affaiblie par le mépris ou l'indifférence, ni exagérée et travestie par le fanatisme.

Ainsi ils vous diront que la dissolution de la chambre des députés est une concession faite par l'autorité royale à des scrupules constitutionnels qui n'admettent pas l'extension des pouvoirs législatifs au delà de cinq ans; que plusieurs des élus étaient disposés à se démettre, en finissant la prochaine session, d'un mandat illégal à leurs yeux, puisqu'il est limité à une durée quinquennale; et que c'est pour prévenir un éclat fâcheux que le gouvernement a été au devant de cette détermination, et a donné satisfaction à l'opinion publique.

Il serait assurément fort commode pour le ministère d'accepter cette explication, et d'acquérir les profits de la popularité en faisant du constitutionnalisme aussi vulgaire. Mais les hommes d'état doivent se défier de la trompeuse amorce qu'on leur présente; gardiens du dépôt des lois, leur courage consiste surtout à fuir la plus fatale de toutes les corruptions, la flatterie de la multitude; à plus forte raison lorsqu'il en coûterait le sacrifice d'une des prérogatives essentielles du trône. Dans ce cas, il y aurait trahison.

La loi de la septennalité a substitué le renouvellement intégral au renouvellement partiel et par cinquième. Le seul changement important qui ait été fait à l'acte fondamental est l'extension donnée à la durée du mandat, fixée à sept années au lieu de cinq. Telle est la règle établie : nul n'a le droit de la méconnaître aujourd'hui.

La dissolution de la chambre élective constitue une des plus importantes prérogatives de la couronne. Elle est le bouclier de la monarchie contre les entreprises des factions, sa sauve-garde contre les tentatives de la démocratie. C'est ce droit qui a entraîné la presque unanimité des votes en faveur du renouvellement intégral et de la septennalité ; car, d'un côté, les chambres ont reconnu que du moment où le Roi avait la faculté de dissoudre, il possédait aussi celle de rendre les élections générales, de partielles qu'elles étaient. D'une autre part, elles ont senti que si une prolongation de pouvoirs devenait nuisible au bien de l'état, il appartenait à la royauté de remédier au seul inconvénient possible de la septennalité, en dissolvant l'élément démocratique de la puissance législative. Dans cette circonstance solennelle, la volonté royale manifeste sa prévoyance et sa sollicitude. Comme elle est l'unité morale du pays ; comme elle est placée au sommet des pouvoirs sociaux, à elle seule appartient de juger la nécessité d'une semblable mesure, de l'employer à réparer ou à prévenir un dommage. Les causes qui déterminent une dissolution peuvent être intérieures ou inhérentes à l'assemblée dissoute, comme elles peuvent être extérieures et entièrement étrangères à sa composition. En Angleterre, où nous allons chercher, malgré la différence des antécédens et des mœurs, des connaissances pratiques en matière de gouvernement constitutionnel et représentatif, on a vu très-rarement, depuis plus d'un siècle que la septennalité est adoptée, la chambre des communes arriver à la fin de sa carrière légale. Il semble que la royauté y fasse usage de sa prérogative pour ne pas la laisser oublier et tomber en désuétude, car la majorité ne lui manque jamais ; jamais, dans le parlement, aucun parti n'a attaqué la constitution et parconséquent le principe monarchique qui y est compris. Au mois de juin de l'année dernière, la chambre des communes finissait la sixième année de son existence : le ministère y comptait une imposante majorité : toutes ses demandes et les subsides lui avaient été accordés ; une seule question, qui était plutôt de sentiment individuel et de conviction intime que de position politique, séparait les communes des lords et divisait le ministère lui-même. L'assemblée élective fut dissoute en vertu des pouvoirs que la constitution a donnés à la couronne, et les journaux de cette époque n'ont pas même pris le soin d'expliquer une mesure qui est comprise par les mœurs nationales comme la présence de la royauté apparaissant dans sa force et la plénitude de ses droits.

Nous ne nous attacherons donc pas à interpréter un acte qui ne doit trouver que soumission et respect, et dont, sans doute, l'avenir nous révèlera toute la sagesse. La royauté, image, sur la terre, de la puissance qui gouverne le monde, a aussi ses mystères. Qu'il nous suffise d'être bien convaincus qu'elle n'a agi et n'agira que dans la limite qu'elle-même a tracée au code des libertés publiques.

La chambre de 1824 est dissoute, mais elle n'est pas brisée, car on ne brise que de mauvais instrumens; et, d'ailleurs, son principe reste tout entier. En cessant d'exister, la postérité commence pour elle, et il doit être permis aujourd'hui de louer ou de critiquer ses actes, comme corps politique, en séparant les individus de cet examen. En jetant les yeux sur la série des travaux qui ont occupé ses sessions, on ne peut s'empêcher de reconnaître que s'ils n'ont pas offert des résultats nombreux, leur importance et leur utilité assurent à cette assemblée la reconnaissance de la nation. La loi d'indemnité, cette loi de justice et de réconciliation, suffirait pour immortaliser une législature, en même tems que les monarques qui ont conçu et réalisé une aussi grande pensée, et que les ministres qui en ont élaboré tous les détails et préparé l'exécution. « L'indemnité, selon l'expression d'un noble pair *, a été bien moins une mesure réparatrice du passé, consolatrice du présent, qu'une mesure faite pour préserver l'avenir ; et c'est la postérité de ceux même qui ont attaqué le projet de loi que cette loi est destinée à défendre ; elle est la borne nouvelle des héritages replacée par la main du Roi, un monument expiatoire élevé à la propriété, et marquant la fin de la révolution. » Dès lors,

---

* M. le vicomte de Châteaubriand.

quels hommes méritent mieux les hommages, et l'estime de leurs concitoyens, que ceux qui ont raffermi l'édifice social sur ses bases, par un de ces actes de haute prévoyance qui sont l'œuvre de la sagesse et d'une raison éclairée. Avoir fermé la révolution est un bienfait aussi grand que la révolution elle-même a été funeste et désastreuse.

Mais une combinaison que cette chambre a parfaitement sentie, admirablement discutée et développée avec une rare sagacité, est celle qui devait faire face à cette charge nouvelle sans altérer le crédit d'une part, et sans accroître la masse des impôts de l'autre. Conserver à la dette publique toute sa force d'amortissement, pourvoir aux intérêts, et ne pas augmenter les contributions existantes; ne pas affaiblir la dotation nécessaire aux divers services publics, tel était le problème à résoudre. Il le fut, du moins en grande partie, par une loi et au moyen d'un système suivi qui ont eu, jusqu'à ce jour, des résultats moins prompts peut-être que ceux qui étaient attendus, mais utiles au trésor et avantageux aux contribuables.

Par suite de ce système, il a été permis de soulager la propriété en réduisant la contribution foncière. Que quelques écrivains, vivant d'une industrie franche d'impôts, se plaignent des dégrèvemens comme d'une combinaison électorale, cela se conçoit jusqu'à un certain point; mais, à coup sûr, aucun des dégrevés ne voudrait changer sa condition, même contre des droits politiques beaucoup plus importans. Il faut, en vérité, être condamné à vivre dans ce siècle de sophismes et de subtilités pour entendre condamner ce que les peuples appellent de tous leurs vœux, la diminution des charges publiques. La demande de nouveaux impôts a été l'occasion ou le prétexte d'une révolution; il y a des gens aujourd'hui qui en feraient une volontiers, parce que le gouvernement les réduit. Au surplus, les hommes qui veulent grever l'agriculture pour obtenir quelques électeurs de plus vont bientôt se trouver en présence de ceux qui pensent qu'il vaut mieux ménager la bourse des contribuables. La propriété prononcera et choisira entre eux.

La législature qui vient de finir a trouvé un budget de 950 millions; celui qu'elle nous laisse est réduit à 915. Elle a trouvé la rente au taux de 96, elle nous la laisse à celui de 102. Elle a trouvé notre commerce faisant pour 390 millions d'exportations, elle le laisse dans une prospérité qui est le résultat de 561 millions de vente de ses produits à l'étranger.

Des lois ayant pour objet de modifier les codes pénal et d'instruction criminelle, celle qui a amélioré le recrutement de l'armée, la loi qui a assuré l'entretien des chemins communaux, la réduction des droits d'enregistrement, l'importante discussion d'un tarif de douanes, le code forestier, un grand nombre d'actes législatifs d'intérêt local, tels sont les titres de la chambre de 1824 à la reconnaissance publique. Sous le rapport purement parlementaire, on peut dire qu'elle a offert d'admirables discours, laissé de longs souvenirs et obtenu de graves résultats. En rappelant les services qu'elle a rendus à la France et son dévouement inaltérable aux intérêts de la patrie, de la religion et du trône, notre but est peut-être moins de la louer d'avoir dignement rempli son mandat, que d'indiquer à nos concitoyens la nécessité de ne point dévier par leurs votes d'un système qui leur a été aussi éminemment utile. En mettant sous leurs yeux tout le bien que la majorité de la dernière législature a produit, nous leur faisons connaître en même tems ce que l'opposition a combattu, ce qu'elle a rejeté. Le bon sens des électeurs fera le reste.

2°.

De la Chambre des Pairs, de son organisation et de l'accroissement qu'elle vient de recevoir.

Si la monarchie est l'unité morale, ou la représentation nationale par un seul, la pairie est, ainsi que la chambre des députés, la représentation multiple des intérêts du pays. Quelle est son attribution essentielle? Le vote de la loi. Dans quel esprit est-elle appelée à voter? D'abord dans un esprit monarchique, parce qu'elle émane directement du trône; ensuite dans le sens large et élevé des élémens qui ont présidé à sa formation, c'est-à-dire l'illustration acquise au service de l'état, la naissance, la grande propriété territoriale, la gloire obtenue par les armes, par les fonctions publiques, par les sciences et les lettres. Les intérêts populaires ou démocratiques sont aussi du domaine de la pairie, considérée non comme émanation du peuple ou de la démocratie, mais à titre de haut patronage; car, pour la défense active de ces mêmes intérêts, pour l'examen et la discussion des détails administratifs, ils appartiennent à la chambre des députés.

La chambre des députés, qui était avant

1820 de deux cent cinquante membres, fut portée vers cette époque à quatre cent trente. On jugea ce nombre nécessaire pour que tous les intérêts d'une population nombreuse et d'un pays aussi étendu que la France fussent représentés. On s'appuya surtout de l'exemple de l'Angleterre, dont la chambre des communes, composée de six cent cinquante membres, était la représentation de 20 millions d'ames et d'intérêts territoriaux bien moins importans que les nôtres. Avant cet accroissement la pairie était numériquement égale à la chambre des députés, et il y avait alors réellement proportion. Depuis la même époque, c'est-à-dire depuis le mois d'avril 1821, il n'y a eu que cinquante nominations de pairs, la plupart conférées à des grades militaires, à des dignités épiscopales qui, d'après nos anciens usages, sont inséparables de la pairie, enfin à des services rendus dans de hautes fonctions publiques. On peut dire, à cet égard, que la royauté n'a pas usé de son droit.

On a osé écrire que la dissolution de la chambre élective n'avait d'autre objet que de fournir les élémens d'une promotion de pairs; et l'ignoble expression de *fournée* est venue se placer sous la plume d'écrivains qui ne sont pas plus délicats dans la forme que dans le fond de leurs discussions. D'après eux, le ministère, craignant de n'avoir point la majorité dans la chambre haute, a jugé nécessaire d'y jeter un certain nombre de voix complaisantes, et s'est vu ainsi dans la nécessité de dissoudre la seconde chambre, en sorte que la dissolution aurait été ordonnée à propos de l'accroissement de la pairie, au lieu de la combinaison constitutionnelle d'une création de pairs à l'occasion de la dissolution de l'assemblée élective.

Il y a là une subtilité dans laquelle nous nous garderons bien de nous enfoncer. Nous ferons remarquer seulement que, dans le système étroit qui est attribué au gouvernement, il eût été plus simple et moins périlleux de faire, comme on dit, *une fournée*, et de remplacer les députés promus par des élections partielles qui, opérées sous l'empire de la censure des journaux, auraient offert au ministère un remplacement dont le résultat n'aurait pas été douteux. Il faut donc en conclure que la nécessité de former une majorité à la chambre des pairs n'est pas le véritable motif de la dissolution, puisque cette majorité pouvait s'obtenir très-constitutionnellement sans risquer de perdre ou d'affaiblir sa majorité dans la chambre élective.

Un acte de la prérogative royale se présente avec plus de grandeur et de majesté. Les intérêts qui se groupent autour du pouvoir ministériel ne sont que secondaires auprès des grands intérêts de la patrie. Une noble pensée a présidé sans doute à ce que nous voyons aujourd'hui. Chacun le sent, et il n'est pas nécessaire d'en indiquer la source et le but.

La chambre des pairs comptait deux cent quatre-vingt-treize membres, dont quarante-neuf seulement ont été nommés depuis sept années. Si l'on retranche de ce nombre ceux qui n'ont point atteint leur majorité, et il y en a beaucoup; ceux que d'importantes fonctions, des commandemens militaires, l'âge et les infirmités tiennent éloignés des sessions annuelles, on reconnaîtra que les grands intérêts du trône et du pays n'étaient pas suffisamment représentés dans cette fraction de la puissance législative. Le budget de 1826 n'a été voté que par cent trente-trois pairs; celui de 1827 par cent dix-neuf; celui de 1828 par cent trente-neuf. Or, croit-on que cette proportion soit en rapport, non-seulement avec le nombre des députés qui composent l'autre chambre, mais encore avec la population de la France, son étendue, sa richesse et ses besoins? La pairie anglaise est de trois cent quatre-vingt-quatre membres; la nôtre lui sera encore inférieure numériquement.

La pairie n'est pas encore en France ce qu'elle doit être un jour. L'influence dont elle jouit, ses priviléges, le lustre qu'elle répand sur les familles de ce moderne patriciat, l'appellent à de hautes destinées à peine commencées pour elle. Son aptitude, surtout, à attirer les grandes fortunes par ses alliances, doivent, dans l'avenir, lui donner une forte consistance territoriale. Elle sera alors pour les départemens tout à la fois un ornement, un lien entre le trône et les sujets, un patronage puissant, une sorte d'apanage. La justice distributive voulait donc que les diverses parties de la France fussent également appelées et admises au partage de la haute influence et des avantages positifs dont jouit la pairie. C'est sur le sol que celle-ci doit être fixée comme en Angleterre; or, c'est sur tout le sol qu'elle doit être répandue. La pairie, en un mot, appartient au pays avant d'appartenir aux hommes; ou plutôt elle n'appartient aux hommes que dans l'intérêt du pays.

Ces vérités si claires n'ont pas besoin d'une plus longue démonstration; elles seront vivement senties dans les départemens. En se séparant de l'esprit de localité, les hommes politiques verront quelle différence l'infériorité du nombre peut établir dans l'équilibre de deux pouvoirs parallèles agissant d'après un principe différent, mais dans un but commun ; le salut du trône et le bonheur de la patrie.

Remarquons, de plus, la convenance extrême des choix ; l'heureux amalgame des illustrations anciennes et des gloires nouvelles ; des grandes fortunes territoriales et héréditaires, et de celles acquises par une honorable industrie ; des services civils et des exploits militaires ; des vertus et des talens ; des carrières parlementaires et des fonctions administratives. Les intérêts du moment ne sont rien dans cette composition ; c'est la monarchie, c'est l'avenir qu'elle consolide.

De l'Opposition dans les Chambres, de son caractère et de ses résultats.

Il ne manque pas de gens qui crient sans cesse *vive la Charte!* et qui méconnaissent à tout propos ses principes fondamentaux et son esprit. Ils voudraient, par exemple, faire de la royauté une statue voilée au fond d'un sanctuaire, pour la sortir certains jours de grande cérémonie, l'offrir aux regards des peuples, et la renfermer ensuite, privée de pensée et d'action. C'est ainsi, à peu près, que certains écrivains ont conçu une monarchie constitutionnelle qu'ils ne comprennent pas, et que des personnages parlementaires en ont imaginé une qu'ils comprennent fort bien, mais qui ne tendrait à rien moins que renverser nos institutions, et y substituer un ordre de choses contraire à nos mœurs, à nos traditions, et à cette Charte qu'ils tueraient au lieu de la faire vivre.

Le gouvernement de l'Angleterre est fort beau sans doute; mais il a ses racines dans un passé qui n'est pas le nôtre, et se soutient par une organisation sociale qui est l'ouvrage des siècles, et qu'aucune loi ne pourrait improviser. Là, la royauté est presque en dehors de la puissance législative, tandis que chez nous elle en est à la fois la pensée et l'instrument. Mais ce n'est pas ici le lieu de faire des théories de gouvernement; notre but n'est autre que d'éclairer les électeurs de bonne foi sur l'état présent des choses, et sur ce que la France attend de leur patriotisme.

Par suite de cette erreur de l'esprit, et sans doute aussi de la mauvaise foi des partis politiques, est résultée une fâcheuse confusion d'idées sur les attributs de la royauté et les fonctions ministérielles, sur la puissance législative et le pouvoir exécutif, sur la souveraineté et l'administration. C'est à ne pas s'y reconnaître, quoique la Charte, tout en consacrant l'inviolabilité du Roi et la responsabilité de ses ministres, ait bien entendu nous donner un gouvernement monarchique, et non un gouvernement purement ministériel. Rien n'est plus fâcheux, car, en France, on aime à *sentir* la royauté, et l'histoire a mis les rois faibles presque sur la ligne des mauvais rois. Mais puisqu'il faut un but à l'opposition, nous nous réfugions dans le principe conservateur, que tout bien vient de la royauté, et tout mal du ministère. L'opposition ne devrait donc s'établir que sur le mal et sur le bien, et non sur les individus ; mais tel n'est pas parmi nous son caractère.

L'opposition est regardée comme partie intégrante, essentielle et même indispensable de nos assemblées délibérantes. A la bonne heure ; mais est-il nécessaire et utile au pays qu'elle dégénère en esprit de chicane, d'argutie, de contradiction et quelquefois de rébellion? Lorsqu'elle s'ennoblit par des motifs désintéressés, par une marche franche et loyale, par un but estimable, exempt d'ambition et d'animadversion personnelle, rien n'est plus digne de respect et de considération. De plus, il faut qu'elle ne s'écarte pas de la ligne des convenances, qu'elle s'exprime en termes décens et modérés, même dans les circonstances où l'énergie lui est permise. Mais nos récentes oppositions ont-elles bien rempli ces conditions? L'histoire parlementaire de nos voisins en offre de beaux exemples, et il n'y a pas long-tems encore que dans les communes l'opposition vota à l'unanimité une loi martiale ainsi que des restrictions à la liberté individuelle, sur l'assurance positive donnée par un ministre que ces mesures étaient nécessaires à la sûreté du royaume. Nos assemblées de 1815 ont présenté aussi de nobles caractères en ce genre; mais combien n'avons-nous pas dégénéré!

Ce qui démontre avec la plus grande clarté l'esprit de l'opposition et à quel point elle est personnelle et peu patriotique, c'est sa distinction en deux parties, dont chacune est ennemie de l'autre, mais qui se réunissent pour attaquer et renverser les ministres, sauf à se battre ensuite sur les débris du ministère détruit pour en obtenir la possession. Cette alliance, qu'on a appelée avec raison monstrueuse, présentait la plus violente antipathie de sentimens et de principes, à côté d'une sympathie de vues et d'intérêts individuels. Que serait-il résulté du triomphe d'une pareille opposition? Quels hommes étaient désignés par la voix publique pour prendre le timon des affaires? Le gouvernement aurait-il été partagé paisiblement entre les vainqueurs? Eux-mêmes ne l'ont sans doute pas espéré. Dès-lors, à quoi devait aboutir ce minotaure politique? A une nouvelle lutte dont le succès aurait été douteux pour la cause de la royauté, dangereuse pour la tranquillité de la France et dans laquelle ses intérêts auraient été oubliés, peut-être sacrifiés, au milieu de passions tumultueuses et désordonnées.

Il y a, dans les mots *d'opposition royaliste*, deux idées qui *hurlent ensemble*, comme disait M. de Maistre. Dans toutes les monarchies constitutionnelles, on ne connaît qu'une opposition, de même qu'il n'y a qu'un gouvernement. D'un côté sont le Roi, ses ministres et la majorité des chambres, qui tendent à conserver l'autorité royale; de l'autre les hommes de la démocratie, qui s'efforcent de faire des conquêtes sur cette autorité au profit du peuple, et de défendre les libertés publiques contre les prétentions de la couronne. Dans le premier camp sont nécessairement les royalistes; dans l'autre, les libéraux. Mais si les royalistes passent dans le camp des libéraux, ils risquent, par trop d'impétuosité, de dépasser le but et de venir se heurter contre le trône. Dès-lors ils ne sont plus royalistes; on ne peut même leur donner le nom d'opposans.

Une opposition, telle que la conçoivent les amis de leur pays, est une sentinelle fidèle et vigilante, placée pour avertir les ministres des dangers de la patrie, de leurs erreurs et de leurs fautes, pour donner au souverain de respectueux avis. Ferme et sage, impartiale et modérée, elle doit se maintenir dans une vertueuse indépendance, mais sans arguties, sans méchantes disputes, sans antipathie personnelle. Elle contrariera quelquefois, mais elle n'offensera jamais; surtout elle se gardera de porter, soit directement, soit indirectement, l'affliction dans le cœur du monarque. En un mot, une véritable opposition de principes cherche à raffermir la constitution ; mais alors, elle n'attaque ni la royauté, ni la loi fondamentale.

Reconnaîtrons-nous à ces traits l'opposition libérale ou constitutionnelle de nos dernières assemblées ? Sauf quelques hommes ayant une véritable vocation parlementaire, et qui ont mesuré la hauteur et l'importance de leur mission, nous ne voyons d'ailleurs qu'un esprit étroit de chicane, de suppositions, de finesses, de déceptions et souvent d'invectives. Le caractère français a reçu plus d'une rude atteinte dans les discussions de nos chambres ; mais ce qui est plus déplorable que des outrages faits à nos mœurs et à notre sociabilité, ce sont les continuelles attaques dirigées contre le trône et la loi fondamentale. En Angleterre, nul membre de la minorité n'oserait toucher à la constitution, qui est l'Arche sainte, et encore moins ternir par la moindre insinuation la splendeur de la couronne et la majesté royale. Ont-ils respecté la Charte, ceux qui n'ont cessé de s'opposer au droit d'initiative, qui ont voulu contrôler les traités de paix, introduire une théorie de discussions et d'amendemens contraires aux principes établis, réclamé la nomination des fonctionnaires publics par le peuple, des chefs de la garde nationale par les subordonnés, enfin travestir la royauté en un pouvoir purement nominal, n'ayant plus ni grandeur, ni force, ni attributions? A la vérité, ces graves reproches ne peuvent s'adresser qu'à un très-petit nombre d'opposans; mais on peut dire en toute justice que, dans son ensemble, l'opposition libérale n'a pas, dans ces derniers tems, présenté un caractère de noblesse, de grandeur et de bonne foi, qui répondît aux talens distingués que l'on a vus, parfois, briller dans ses rangs. De telles oppositions n'améliorent pas, ne conservent pas; elles révolutionnent; elles ne dirigent point le char, elles l'arrêtent ou le brisent.

4°.

De quelques Mesures, par rapport à l'exécution de la Charte et des lois.

Quelles sont les bases de tout notre système constitutionnel? Rien n'est moins compliqué. Elles se trouvent dans la conservation de la liberté publique et de la liberté individuelle, dans l'inviolabilité de la fortune nationale et des propriétés particulières. C'est pour la garantie de ces deux grands pivots de notre existence politique que la Charte a été faite et donnée, que le gouvernement est établi avec des formes représentatives, que les lois et règlemens administratifs sont publiés, que les tribunaux rendent la justice, que la force armée est instituée. Liberté pour tous en masse et pour chacun en particulier, intégrité du domaine public et respect du domaine individuel, ce qui entraîne le vote libre de l'impôt et de son emploi, tout se résume dans ces deux grands principes; hors de là, on ne trouvera rien qui n'en soit une modification ou une dépendance.

Il en résulte que, toutes les fois que le gouvernement, dans l'ensemble ou les détails de son administration, est resté fidèle à ces principes, et qu'il s'est renfermé soigneusement dans l'application de la loi, qui est l'expression de la volonté générale, on peut dire qu'il a gouverné constitutionnellement, et qu'il n'y a pas lieu à responsabilité ni légale ni morale.

La responsabilité légale n'est pas du domaine des brochures. La Charte y a pourvu. Nous ne nous occuperons donc que de la responsabilité morale que l'opposition appelle aujourd'hui.

Si nous ne trouvons pas beaucoup de sagesse et d'équité dans les cinquante ou soixante pamphlets qui ont été publiés depuis quatre mois, il nous est permis de voir, dans leur paisible émission, une assez grande liberté d'écrire, ce qui n'est assurément pas un signe d'oppression et d'étouffement de la pensée. On a largement usé de ce privilége, et cependant les griefs reprochés au gouvernement se réduisent à un si petit nombre, qu'on a lieu de s'étonner de la fécondité de nos écrivains, qui ont su délayer en tant de pages ce qui pouvait être résumé en quelques lignes.

Nous rencontrons d'abord la dissolution de la garde nationale parisienne, événement purement local, mais dont on a essayé de faire sentir le contre-coup à toute la France, qui a refusé cette solidarité. Nous pourrions la justifier par le seul fait de la prérogative royale, et cette raison suffirait aux hommes d'un sens droit; mais, comme on veut toujours mettre l'opportunité et la convenance à la place de la loi, il faut se placer sur ce terrain mouvant.

Tout corps armé doit être essentiellement obéissant; s'il se constitue en corps politique et délibérant, il manque à son mandat, dénature son caractère, et se met en révolte contre la loi. Investi de la force qui contraint, il usurpe le double attribut de la souveraineté, le commandement et l'exécution.

A Dieu ne plaise que nous veuillons diriger ici contre la garde nationale parisienne le reproche qu'ont encouru de nos jours des corps armés dans divers pays de l'Europe, et surtout en Espagne! Ces légions, remarquables par leur zèle et leur ardeur dans des momens difficiles, ont mérité la reconnaissance de la France entière, de même qu'elles ont obtenu les respects et l'estime de l'étranger. Nous reconnaîtrons même que l'esprit de sa grande majorité était excellent, et que le trône n'avait pas de plus solide appui, comme la capitale une meilleure garantie d'ordre et de tranquillité. Nous sommes heureux en cela de nous rencontrer avec un illustre pair dont le cœur et l'esprit ne sont pas toujours parfaitement d'accord ensemble, parce qu'il écoute trop souvent les inspirations de la colère. M. de Châteaubriand a tracé l'éloge de la garde nationale parisienne, nous nous réunissons volontiers à lui. Mais il a fait un aveu qu'il est important de recueillir: *Des cris inconvenans contre les agens du pouvoir se sont élevés dans ses rangs.* Nous prenons le noble pair en flagrant délit. Certes, voilà bien de l'opposition, et de la plus violente. Malgré l'inviolabilité de ses membres, une chambre ne souffrirait pas dans son sein *des cris inconvenans contre les agens du pouvoir;* elle en ferait à l'instant justice. Mais si l'opposition est permise et même nécessaire dans une assemblée politique, elle est un désordre énorme dans une force armée, parce qu'elle y est un commencement de guerre civile. Un vœu hautement exprimé sous les armes par quelques-uns appelle un vœu contraire de la part de quelques autres, et de là à l'effusion du sang il n'y a qu'un pas. Le noble vicomte a-t-il donc oublié les commencemens de la révolution, et que c'est au milieu *de cris inconvenans* que des officiers fidèles sont tombés sous le fer de soldats égarés. Ce n'est pas à l'auteur du *Génie du Christianisme* que nous aurons besoin de rappeler le mémorable exemple de la légion thébaine. Celle-là fit de l'opposition en souffrant le martyre.

Certes, des pétitions présentées à la pointe des baïonnettes, des vœux politiques hautement exprimés dans les rangs d'une milice, des adresses dans un style qui rappelait des jours de funeste mémoire, tout cela peut constituer aux yeux d'un certain parti de légères inconvenances. Un orateur a voulu établir une distinction entre la garde nationale et l'armée régulière. Il peut y en avoir une quant à l'organisation et à la destination ; mais il n'y en a point dans leurs élémens essentiels et dans les devoirs à remplir sous les armes. L'armée se compose de citoyens comme la garde nationale ; ceux qui en font partie ont également des droits civils et politiques ; le maintien de la tranquillité intérieure est son attribution aussi ; et elle n'a de plus que celle de défendre le territoire contre des agressions extérieures.

Ici le pouvoir a agi constitutionnellement et dans la ligne étroite de ses attributions. Le droit du trône étant incontestable, ses conseillers n'ont eu qu'à voter pour qu'il en usât ou qu'il n'en usât point. En cela la loi a reçu son exécution pleine et entière ; ceux qui ont parlé de *coup d'etat* ne marquent que leur ignorance ou leur mauvaise foi.

Mais le gros péché du pouvoir est l'établissement de la censure ; et comme il faut que, quoi qu'il fasse, il soit coupable de quelque grand crime, il est à peu près indifférent pour lui qu'on l'accuse de celui-là ou d'un autre. Ici encore, nous le trouvons sur la grande voie de la légalité. Une loi, cimentée par les trois pouvoirs, l'autorise à censurer les journaux dans le cas de circonstances graves : ce n'est pas non plus un coup d'état. Mais comme il est impossible que l'opposition ait jamais tort et que l'autorité ait une fois raison, on incidente sur la gravité des circonstances, et d'une question de droit on en fait une de convenance. Dans le système des contradicteurs, aucune circonstance n'est grave par elle-même, et les gens qui trouvaient que tout allait fort mal en Europe et en France il y a quelques mois, se sont mis à écrire que tout était pour le mieux, lorsqu'il a été question de surveiller la presse périodique

Si le Roi n'était pas, ainsi que le veut la raison, l'arbitre suprême de la gravité des circonstances, la loi porterait en elle-même le germe d'une paralysie incurable; car, bien certainement, ni les écrivains périodiques, ni MM. de Châteaubriand et Salvandy n'avoueraient que l'état des choses fût tel qu'il y eût lieu à censure. Dans leur système, il faudrait que le feu embrasât la maison et l'enveloppât en entier pour y porter secours. Des hommes prudens, et tout aussi amis de la liberté que ceux dont nous venons de parler, ont pourtant calculé qu'il existait une certaine quantité de circonstances dont une seule suffisait pour motiver et la légalité et la convenance du régime préventif.

Ainsi, la licence qui avait éclaté au sein de la garde nationale ayant passé dans les feuilles périodiques, l'autorité royale était journellement attaquée de la manière la plus indécente et son gouvernement insulté avec une violence et une grossièreté dont on n'avait pas vu d'exemples depuis la révolution.

Ainsi, certains journaux qui dormaient depuis long-tems dans l'oubli, réveillés par de sinistres rumeurs, répandaient impunément des doctrines subversives de tout ordre et bravaient la religion et la royauté jusque dans leur sanctuaire.

Ainsi, la guerre civile allumée en Portugal, et plus tard en Catalogne, était alimentée par les publications quotidiennes qui excitaient les partis les uns contre les autres, insultaient aux personnages les plus augustes, répandaient de perfides insinuations, et se faisaient les auxiliaires des anarchistes de tous les pays.

Ainsi, un traité prêt à être conclu entre trois grandes puissances pour la pacification de l'Orient était un événement assez sérieux pour que le gouvernement prévînt les sourdes menées, les intrigues et les rapports mensongers qui pouvaient en neutraliser les effets, semer des défiances, et égarer l'opinion sur cette grande mesure politique.

Et si l'on ajoute à toutes ces circonstances, tant intérieures qu'extérieures, les efforts de la malveillance pour troubler l'ordre public à l'occasion du retrait de la loi de la presse; efforts renouvelés à de récentes funérailles dont l'indécence et le scandale ont révolté tout ce qui respecte encore la paix des tombeaux; si l'on réfléchit que ce mauvais esprit travaille même aujourd'hui à égarer une population heureuse et paisible à l'occasion d'une légère augmentation de la taxe du pain, on conviendra que la gravité des circonstances n'est pas ce qui manque au gouvernement pour justifier l'opportunité de la censure. S'il ne l'eût pas établie, il aurait peut-être aujourd'hui à s'en disculper.

A qui cependant le pouvoir royal doit-il le compte de sa conduite? Est-ce au *Constitutionnel* et au *Journal des Débats?* à MM. de Châteaubriand, auteur de brochures, et Salvandy? Ces pouvoirs-là sont hors de la constitution; ils peuvent être des autorités pour des oisifs, mais ils n'ont aucune juridiction sur les affaires : nous allons le démontrer.

5°.

De la Liberté de la presse périodique; esprit du journalisme et des journaux. De la Censure, par rapport aux libertés constitutionnelles.

Les journaux sont une arme, a dit M. Benjamin Constant (1821), qui ne croyait peut-être pas si bien dire. Avec une arme on blesse et on tue, et celle-là n'a pas le privilége de la lance d'Achille, qui guérissait les maux qu'elle avait faits. On blesse et on tue moralement non-seulement les individus, mais encore l'ordre social.

Mais l'honorable député entendait que la censure mettait cette arme dans la main du gouvernement, ce qui est manifestement faux, car, dans ce cas, son rôle se borne à empêcher qu'elle ne soit dirigée par la perfidie ou l'imprudence contre l'autel et contre le trône, contre la sûreté publique et l'honneur des individus. Ce n'est pas lui qui la tient. Les journaux opposans ont-ils, pendant tout le tems de la censure, imprimé une seule ligne qui ne fût l'expression de leurs sentimens, la manifestation de leur pensée? Le pouvoir y a-t-il substitué sa propre pensée, ses propres sentimens? Les Turcs, dans leurs réjouissances publiques, tirent des coups de fusil et de pistolet chargés à balle, au risque d'atteindre les passans ; chez nous, on ôte des cartouches le plomb meurtrier ; ainsi fait-on aux journaux lorsqu'on les censure.

Le seul argument qui aurait quelque apparence de raison contre la censure serait celui qui la présenterait comme un moyen d'envahir la liberté individuelle et la propriété qui, comme nous l'avons déjà démontré, sont les deux colonnes qui soutiennent tout notre édifice constitutionnel. Or, s'il est démontré que la surveillance des journaux par le gouvernement ne blesse en rien ces principes essentiels, et que les écrits périodiques peuvent très-bien être censurés sans que le plus obscur des citoyens ait à craindre pour sa personne et pour ses biens, nous aurons cause gagnée au tribunal de la raison publique.

Ceux qui se servent si activement de la presse, sont de fort habiles gens sans doute, et nous devons présumer qu'ils ont étudié autre chose que les événemens qui se sont passés parmi nous depuis 1789. Or, ils devraient bien nous dire comment la liberté individuelle et le droit de propriété étaient garantis sur la surface du globe, avant l'an de grâce 1438 que l'imprimerie a été inventée, et même depuis cette époque, jusqu'à celle, beaucoup plus récente, où l'on s'est avisé d'écrire des journaux politiques. Les états de la Grèce, l'Egypte ancienne, Rome, les Gaules et la Germanie n'avaient ni le *Constitutionnel* ni le *Courrier*, et, cependant, il y a régné jadis un ordre parfait ; on y a vu les droits de l'homme en société aussi respectés qu'ils le sont dans les états modernes, des lois admirables sur lesquelles la plupart des nôtres ont été calquées, de la gloire, de la prospérité, et même les sciences et les arts fleurissant à l'envi. Comment un tel état de choses a-t-il pu naître et se conserver, en l'absence des journaux politiques et littéraires, des brochures et des pamphlets ? C'est que ni les gazettes, ni les brochures ne sont nécessaires pour la société, là où existent de bonnes lois, là où les institutions et les mœurs publiques protégent les citoyens contre les abus possibles du pouvoir. Cicéron, plaidant contre Verrès, n'a pas eu besoin de la *Gazette des Tribunaux* pour nous transmettre ses plus belles pages et pour obtenir justice des exactions d'un proconsul.

Dans les tems modernes, si nous remontons un peu au delà d'un siècle, nous voyons des monarchies et des républiques sagement gouvernées, la liberté individuelle respectée, la propriété à l'abri de toute violation, l'impôt librement consenti et quelquefois impunément refusé, sans que des journaux aient en rien contribué à assurer le règne de la justice et des lois. L'Italie, l'Allemagne, la Hollande, l'Angleterre, la Suisse, la France elle-même, ont offert, soit en même tems, soit tour à tour, les avantages d'une profonde sécurité ; et, cependant, elles n'avaient ni le *Morning-Chronicle*, ni *le Courrier français*, ni le *Times*, ni le *Journal du Commerce*, ni le *Globe*, ni *la Pandore*.

Mais laissons là l'antiquité, les tems modernes et les peuples étrangers, pour examiner un peu ce qui se passe chez nous, et voyons si nous pourrions vivre sans journaux, comme ont vécu nos ancêtres, ou avec des journaux censurés, et craindre que les ministres ne commissent des actes arbitraires.

D'abord, la liberté de la presse est dans la

constitution; mais il ne s'ensuit pas que les journaux soient indispensables comme les institutions consacrées par la Charte. S'il plaisait demain aux propriétaires du *Constitutionnel*, du *Courrier*, des *Débats*, et à leurs confrères, de supprimer leurs feuilles, la Charte ne serait pas pour cela suspendue. Les journaux ne sont donc pas plus un rouage de la machine politique que la mouche du coche, puisqu'ils ne sont pas dans la constitution.

Ensuite, on peut très-librement imprimer des livres gros et petits autant que l'on veut. M. Salvandy, qui, depuis quatre mois, a publié dix volumes de soixante à quatre-vingts pages chacun, n'aurait pas manqué, si le ministre des finances lui avait demandé quelque chose au delà de ses contributions, d'en instruire la France et l'Europe, de même qu'il leur a fait connaître les rognures de la censure. Voilà sans doute une première garantie bien faite pour rassurer; et si l'on veut s'éclairer encore mieux sur l'usage que les deux commissions censoriales ont fait de leurs pouvoirs, que l'on examine ce volumineux recueil de pièces offertes à la curiosité publique! on s'assurera, comme nous nous en sommes convaincu, que les ciseaux des censeurs n'ont eu à retrancher aucune plainte contre un véritable abus d'autorité.

Mais supposons encore que nous nous trouvions arriérés comme nos aïeux l'étaient en 1438. Notre organisation politique, judiciaire et administrative, telle que la Charte l'a établie, n'offre-t-elle pas dans son ensemble et dans ses parties tout ce qui peut assurer la jouissance des droits dont la conservation nous importe le plus? Le trône accessible à toutes les plaintes; une représentation nationale nombreuse et dans laquelle siègera constamment une fraction toujours prête à défendre l'opprimé; une assemblée délibérante dans chaque département, dans chaque arrondissement, dans chaque commune; un conseil d'état et des conseils de préfecture; une magistrature indépendante, et graduée en juridictions; la tribune; le droit de pétition si largement exercé; la publicité des débats parlementaires et judiciaires; la responsabilité ministérielle; les élections, enfin, par lesquelles se manifeste l'opinion publique lorsque les factions et les partis ne l'égarent point par leurs mensonges, voilà les garanties que nous possédons, et qui rendent sans aucune valeur celle de la presse périodique. Sans doute, à moins de supposer une connivence entre les cinq cent mille fonctionnaires publics de la France qui, étant citoyens, ont aussi des droits à conserver, il est impossible que personne soit contraint dans son individu ou dans sa propriété, autrement que par l'action générale de la loi; et les journaux, à cet égard, ne sont qu'une véritable superfétation dans notre système politique..

Et si nous considérons que les journaux, profitant du désordre des opinions et de l'indulgence d'un gouvernement qui a sans doute espéré de les dominer par l'ascendant de l'honneur et de la bonne foi, se sont arrogé une véritable dictature politique; qu'il n'est pas une seule mesure, même parmi les plus bienfaisantes, que plusieurs d'entre eux aient approuvée, depuis la restauration; qu'ils les ont même entravées autant qu'il a été en leur pouvoir; que non-seulement les ministres, mais encore les chambres, les tribunaux, le clergé, les corps administratifs, ont été signalés à la haine ou au mépris de la multitude, toutes les fois qu'ils ont pris sous leur protection avec quelque éclat la religion, la monarchie et la morale publique; si l'on jette enfin les yeux sur cette monstrueuse accumulation d'injures, de personnalités, de diffamations qui viennent atteindre, sous toutes les formes, les hommes les plus honorables, on conviendra qu'il n'y a pas de tyrannie plus pesante et plus humiliante que celle des journaux. Au lieu d'être des organes ou des moyens de liberté, ils ne sont, pour la plupart, que des instrumens de colère, de vengeance et de cupidité.

Non, la liberté de la presse périodique n'est pas *indispensablement* liée à l'existence des libertés publiques, à la jouissance des droits garantis par la Charte. Si la violation de ces droits et de ces libertés provoque la plainte, celle-ci a cent issues pour se faire jour, tandis qu'il n'est d'autre remède à l'oppression exercée par les journaux, à leurs diffamations, à leurs outrages, que *le scandale d'un procès*, ou des réclamations qui provoquent de nouvelles injures.

Sans doute, la censure est un mal, parce qu'il y a mal toutes les fois qu'un sacrifice est imposé aux libertés publiques. Mais ce mal est de la nature de ceux que la société souffre dans l'intérêt de son repos. Les tribunaux, les prisons, la force publique, les impôts eux-mêmes sont aussi un mal, et cependant la volonté générale les crée et les maintient. C'est que ce mal est dirigé contre un mal plus grand; et que tout peuple qui a de la sagesse sait, quand il le faut, sacrifier une portion de sa liberté et de sa fortune pour la conservation de l'autre.

L'opinion libérale est celle qui se prononce le plus fortement en faveur de la liberté illimitée de la presse. La licence extrême ne l'effraie même pas. Ses organes devraient bien nous dire, cependant, comment il se fait que, dans tous les pays où le libéralisme a triomphé et présidé au gouvernement des hommes et des choses, nulle contradiction n'a pu se faire jour, nulle opinion contraire n'a pu se faire entendre. Y a-t-il eu des feuilles royalistes sous la convention, le directoire ou l'empire? A-t-il été possible d'écrire une ligne soit en faveur des Bourbons exilés, soit pour des principes autres que ceux qui dirigeaient le pouvoir? Si nous portons nos regards au loin, nous voyons les révolutionnaires de Naples et du Piémont s'emparer de la presse et la soumettre entièrement à leur but. En Espagne, de 1820 à 1823, sous les cortès, tous les journaux qui osèrent se prononcer en faveur des droits méconnus de Ferdinand, furent d'abord rudement censurés et enfin supprimés. Les constitutionnels portugais ont eu une censure très-rigoureuse, ce qui n'a pas empêché d'emprisonner et de déporter plusieurs journalistes signalés comme apostoliques. A Saint-Domingue, un rédacteur de journal contrarie le gouvernement; il est arrêté dans son lit, traduit, nu, devant une commission militaire, jugé et fusillé en moins d'une heure. Au Mexique, au Pérou, au Chili, au Brésil, on censure les publications périodiques : dernièrement, à Colombie, sous les yeux de Bolivar, des écrivains politiques ont été déportés. Le libéralisme européen n'est donc pas plus ennemi du régime préventif que le libéralisme américain. Et quel régime encore que le sien!

Ce que la révolution et l'usurpation ont fait pour s'établir et se perpétuer, l'ordre et la légitimité ne pourraient le faire pour le bonheur d'un pays! Il y a cette différence, c'est que la révolution et l'usurpation procèdent, comme nous venons de le voir, par l'arbitraire et la violence, tandis que la légitimité, forte de son principe et s'appuyant sur la loi, procède avec calme et modération. La colère et la vengeance sont inutiles là où se trouvent le droit, la force et la vocation.

Le respect du trône pour les libertés publiques ne s'est jamais montré avec plus d'éclat qu'en ce moment. Les trente membres de la chambre élective promus à la pairie pouvaient être facilement remplacés sans une dissolution. La censure, favorisant les vues du ministère, aurait pu prêter un appui tout puissant à des élections partielles. Cette combinaison étroite, dans laquelle on aurait été en droit de voir, non une violation de la loi, mais une déception, a été rejetée. C'est ouvertement, et en face de l'opinion publique, que le gouvernement du Roi se présente et demande à la nation de prononcer entre lui et ses adversaires. Nous allons examiner ce qu'une aussi grave circonstance exige, et ce que le pays attend du patriotisme et de la loyauté de ses électeurs.

6°.

Des Elections et de leurs résultats. Devoirs des électeurs.

La fièvre des élections est passée en proverbe. C'en est une en effet dont les paroxysmes sont si violens qu'un pays, quelque robuste qu'il fût, n'y résisterait pas, si cet état se reproduisait trop fréquemment ou devait avoir de la durée. Aussi, les gouvernemens se dépêchent-ils tant qu'ils peuvent de sortir de cette crise, pour rentrer ensuite dans le cours ordinaire des affaires. Le mieux constitué de tous, l'Angleterre, n'y fait pas tant de façons. Nous avons vu l'année dernière que le 2 juin une proclamation royale ordonna la dissolution du parlement et annonça les instructions données aux chanceliers de la Grande-Bretagne et de l'Irlande pour qu'il fût procédé aux élections. Sept jours après, c'est-à-dire le 9 juin, les électeurs de Westminster, de la Cité, et des comtés s'assemblèrent, et personne ne s'avisa d'écrire dans la terre classique de la liberté que l'on tenait le *poll* entre deux guichets.

Cette fièvre convient chez nous à quelques individus dont-elle entretient l'irritation : plusieurs en ont même le délire. Mais le corps social souffre, et pour quelques ambitions en mouvement, nous éprouvons pendant un mois un malaise indéfinissable, comme si nous étions menacés de quelque grand malheur. Il semble aux uns que le despotisme va sortir de l'urne électorale pour absorber toutes les libertés publiques ; aux autres que l'anarchie est sur le point d'envahir la France et de recommencer la funeste carrière des révolutions. Il y a sans doute erreur des deux côtés.

Une pensée consolante doit rassurer les esprits et calmer ces terreurs : c'est que, grâce à la sage organisation de notre régime électoral, toute la question politique est à résoudre aujourd'hui par sept à huit cents personnes dans chaque département et qu'en dehors des 70,000 électeurs, il y a 31 millions 900 et quelques mille ames, vivant sous la protection des lois, mais n'ayant nullement à s'occuper du gouvernement des affaires générales. Or, ces électeurs sont des propriétaires et des commerçans ; ils ont un foyer, une famille, une existence. L'âge a mûri leurs idées et le plus jeune de tous est déjà un homme fait. Dans les vingt-cinq villes manufacturières de la France on incline pour l'industrie ; ailleurs ont tient pour la propriété. Aussi aurons-nous peut-être à Paris MM. Benjamin Delessert et Ternaux, de même qu'à Londres on a eu sir Francis Burdett et M. Hobhouse. Mais dans le plus grand nombre des colléges, et partout où la possession territoriale est influente, les élections seront faites dans un sens contraire, et c'est ce qui promet à la propriété une très-forte majorité. Ce calcul est infaillible.

C'est une assez belle représentation des intérêts du pays que celle qui se compose de soixante-dix mille contribuables votant, en toute liberté et déposant dans une urne l'expression de leurs sentimens et de leurs vœux. Nier l'indépendance des élections, c'est contester l'évidence. On ne peut savoir mauvais gré au pouvoir de ce qu'il abrége, autant qu'il dépend de lui, la durée d'une opération qui suspend toutes les affaires et place les esprits dans une anxiété fâcheuse. Il y a interrègne de la puissance législative et cette suspension ne saurait être trop courte. Mais, quel que soit l'intervalle entre la convocation et les opérations, la liberté des votes n'y perd rien. Dix jours suffisent bien aux électeurs les plus éloignés, dans un pays où trois ou quatre fois vingt-quatre heures permettent de franchir le plus grand diamètre du territoire. Mais, nous dit-on naïvement, on n'a pas le tems de se concerter, de s'entendre, de se donner des avis! *habemus confitentem reum*. On voudrait conspirer contre les élections et on ne permet pas que le gouvernement prenne des précautions à l'égard des cabales et des intrigues ! C'est toujours le même système : il n'y aura d'indépendance de la presse, de journaux, de tribune, de justice et d'élections que pour ces messieurs et leurs amis.

Ne dirait-on pas qu'on a mis l'opinion publique, l'imprimerie et les électeurs au secret, comme autant de prisonniers d'état? Au mois de juin dernier un noble pair a annoncé la dissolution de la chambre élective, comme un événement probable, et ses paroles ont retenti dans toute la France. Peu de tems auparavant, la discussion du projet de loi sur le jury avait provoqué à ce sujet des pressentimens que les esprits éclairés regardaient comme autant de certitudes. Les brochures et les journaux eux-mêmes, quoique censurés, n'ont cessé de faire des appels aux électeurs, de leur donner des instructions et de les presser de se tenir prêts à remplir un grand devoir. Les avis de l'administration n'ont pas manqué aux citoyens, et les immenses placards qui couvraient les murailles de nos carrefours ont suffi pour frapper les yeux les moins clairvoyans. Cependant, telle était la confiance du parti qui se plaint maintenant de n'être pas en mesure, que ses comités s'organisaient, que ses candidats parcouraient les départemens, que ses commis voyageurs se croisaient dans toutes les directions. Et ne voyons-nous pas aujourd'hui, vingt-quatre heures après la publication de l'ordonnance, des instructions préparées, des listes de désignations dressées pour tous les colléges, le mot d'ordre communiqué partout, et chacun à son poste? C'est donc joindre la dérision à l'outrage que de venir récriminer sur la brièveté des délais et la précipitation des opérations. On peut être assuré d'une chose, c'est qu'aucun des hommes qui ont intérêt à contrarier, dans cette occasion, les vues du gouvernement, ne manquera à l'appel.

Quel parti n'a-t-on pas tiré des conflits! Beaucoup d'honnêtes gens ignorent en quoi consiste la ligne de démarcation qui sépare les attributions des tribunaux de celles des conseils administratifs. Rien ne convient mieux que cette ignorance aux feuilles libérales, et les conflits servent merveilleusement leur but, qui est d'entourer les actes du pouvoir d'une effrayante fantasmagorie. Avec un peu plus de bonne foi, elles reconnaîtraient et avoueraient qu'un principe adopté par le conseil d'état, lorsqu'il reçoit une application générale, n'est point une hostilité contre une opinion, et qu'il importe alors fort peu que ce principe émane d'une source ou bien d'une autre. Ainsi, dans la question de la transmission des contributions d'une femme veuve à son gendre, lorsqu'elle a un fils ou un petit-fils encore incapable de jouir des droits politiques, le conseil d'état, en rejetant l'interprétation forcée que l'on voulait donner à la loi, n'a blessé les intérêts d'aucun parti. Pour établir le contraire, il faudrait démontrer que tous les gendres de femmes veuves sont de l'opposition libérale ou de la contre-opposition. Mais l'égalité devant la loi n'a pas été méconnue, et ceux qui accusent le savent mieux que personne.

Ils savent bien d'autres choses qu'ils dissimulent ou qu'ils altèrent à plaisir, bien qu'il en résulte souvent la violation ouverte de cette Charte qu'ils ne cessent d'invoquer. Ce sont eux qui ont imaginé de travestir l'élection en un mandat spécial, contre l'esprit et la lettre de la loi, de parler de mandataires et de commettans, d'instructions et d'engagemens. Les députés, ainsi que les électeurs, ne tiennent leur mandat que de la Charte ; ils ne reçoivent d'instruction que de la Charte ; ils ne font de promesses qu'au Roi et à la Charte. Rien de plus inconstitutionnel que la constitutionnalité qui cherche à dénaturer ainsi nos plus belles institutions. Quel désordre inextricable résulterait d'élections faites d'après de tels principes! On verrait quatre cent trente députés envoyés par trois cent trente-trois colléges, arriver avec autant de mandats différens, et apporter avec eux la confusion et le chaos! Les élus de la nation n'en ont qu'un seul; il se résume dans le vote de la loi, dont la royauté a l'initiative; et c'est précisément en raison de cette initiative qu'il ne peut y avoir de mandat spécial qui serait une usurpation de cet attribut du trône.

Les hérésies du libéralisme en politique nous conduiraient trop loin. En voilà bien assez pour prouver à quiconque est accessible à la raison que nos grands amis de la liberté constitutionnelle ne sont rien moins que ce qu'ils veulent paraître et que leur amour prétendu pour la Charte n'est qu'une déception qui cache les intentions les plus hostiles contre cet acte fondamental. C'est le loup devenu berger qui écrit sur son chapeau une devise trompeuse; mais cette devise n'est que là; elle n'est pas dans la pensée qui recèle la ruse, l'hypocrisie et des projets de destruction.

Que l'on ne s'y trompe pas; la question électorale ne se présente que sous deux faces; l'une royaliste, l'autre libérale. Le débat est entre la monarchie et la révolution, et il importe que les honnêtes gens se fixent bien sur cette idée pour ne pas se laisser égarer dans une fausse route. Les partis veulent en faire une affaire ministérielle. Ce n'est qu'un prétexte dont ils colorent leurs plans de coterie et leurs vues personnelles. Une liste a été jetée dans le public ; qu'y voit-on ? plusieurs noms recommandables, sans doute ; mais aussi la confusion des langues, des sentimens, des intérêts, des opinions et des projets. Croit-on de bonne foi que ceux qui s'entendent aujourd'hui pour partager les suffrages, s'entendront le 5 février sur les doctrines, sur les grandes questions d'intérêt public ? Personne, assurément, n'a cette naïve confiance. Il y aura donc une lutte acharnée au milieu de laquelle on ne songera guère aux affaires du pays ; il en résultera même de graves atteintes à son repos et à sa prospérité. Il faudra bien pourtant que la victoire finisse par rester à un des deux partis et il n'est pas difficile de prévoir qu'elle resterait à celui qui a le plus d'audace, d'astuce et de violence. Prévenons les résultats d'un aussi dangereux essai, ne fût-ce que pour épargner les frais de la guerre.

Indépendance ! quelle idée fausse et funeste à la fois on a jetée au milieu de nos comices électoraux ! Où est-elle, cette indépendance ? Est-ce parmi ceux qui se sont inféodés à un parti et brûlent de le voir arrivé au pouvoir pour obtenir ses faveurs par de nouvelles complaisances? Quel que soit celui qui triomphe, n'y aura-t-il pas toujours un gouvernement et une opposition, des administrateurs et des administrés, des dépendans et des indépendans? A quoi sert donc cette puérile distinction? Elle sert à abuser ceux qui ne se donnent pas la peine de réfléchir; elle sert de masque aux folles ambitions, de levier à ceux qui veulent détruire nos lois, d'arme à deux tranchans aux ennemis de la royauté. Les sages de tous les tems et de tous les pays nous l'ont appris; il n'y a de vraiment indépendant que l'homme religieux. La religion est une vie intérieure qui est la garantie de la vie publique.

Nous avons démontré que le gouvernement du Roi n'a pas cessé de marcher dans les voies constitutionnelles et légales; que tous ses actes ont été appuyés sur les lois émanées des pouvoirs institués par la Charte; qu'il n'est point sorti des bornes de ses droits et qu'il a constamment respecté ceux qui nous ont été accordés avec la restauration. A côté de grands bienfaits, de sages mesures, de la prospérité toujours croissante de nos finances et de notre commerce, nous avons signalé la malveillance, la perversité, l'égoïsme, attachés à dénaturer de si beaux résultats, et méditant la désunion et le désordre pour arriver plus facilement à leur but. Nous avons fait pressentir pour l'avenir, selon l'issue de l'événement qui se prépare, l'amélioration progressive de notre situation, l'harmonie et la tranquillité, ou une lutte nouvelle aussi funeste pour notre repos, que préjudiciable pour nos intérêts. Nous avons principalement insisté sur certaines mesures, toujours prises dans la limite des lois, mais dont l'exécution a coûté un effort à cette seconde providence que nous nommons la royauté. Il a fallu prouver que la violence appelle la force unie à la justice, et que l'usage des pouvoirs dont le trône est investi a été impérieusement commandé par la nature de certaines circonstances. Voyons maintenant ce qu'exigent l'intérêt général et les intérêts individuels.

Le sentiment de la conservation et un cœur droit suffisent à l'électeur pour se diriger dans cette grande occurrence. Une fortune, une famille, la paix du foyer, un avenir, ne s'abandonnent pas légèrement aux caprices du jeu des partis. Ils ont sans doute quelque chose à y gagner, nous avons tout à y perdre.

Porter aux fonctions de députés les vétérans de l'intrigue, c'est risquer de devenir encore leurs dupes; nommer des artisans de trouble, de discorde et d'anarchie, c'est presque se faire leurs complices.

Que signifient ces listes et ces noms ignorés ou flétris que l'on envoie au loin comme de la semence confiée aux vents? Ces gens-là sont-ils donc chassés de leur pays natal, ou n'ont-ils point de patrie? Electeurs des départemens! on vous outrage. Qu'y a-t-il de commun entre vous et ces étrangers? Nul d'entre vous n'est-il digne de la confiance de ses concitoyens? tel est, cependant, le langage qu'on ose vous tenir.

Un esprit juste, une probité sévère, de la loyauté, l'amour du prince et de la patrie, du zèle pour les intérêts locaux, une vie sans tache, voilà ce que doivent offrir les hommes de votre choix. La terre de l'antique honneur ne peut être représentée que par ce qu'il y a de plus honorable parmi vous.

La probité privée est le plus sûr indice de la probité politique. Ceux qui offrent cette garantie seront les plus fidèles dépositaires de nos libertés et les plus dignes organes de nos vœux et de nos besoins. Du moins ils ne se parjureront jamais.

Et lorsque vous aurez fait de tels choix, vous pourrez dire à vos mandataires ce que Galba disait à Pison : *Nous n'avons pas de conseils à vous donner ; nous avons tout fait pour le bonheur de l'empire, puisque nous vous avons élus.*

FIN.

www.ingramcontent.com/pod-product-compliance
Lightning Source LLC
LaVergne TN
LVHW021703080426
835510LV00011B/1562